Math challenger

**수학 영재들이
꼭 읽어야 할 천재 수학자 8**

수학으로 끊임없이 도전하라 **소피 제르맹**

글 박안나

1992년 '젊은 엄마'에 동화가 당선되었고, 1997년 대교 눈높이 문학상을 받았습니다. 현재 EBS 방송국에서 동화를 쓰며, 한국아동문학인협회 회원으로 활동하고 있습니다
『행주 누나』『들쥐 새각시는 고양이를 좋아해』『풍금 도둑』『대감 항아리』『향기 내는 굴뚝』『놀러 오세요, 고옹이네 집』들에 글을 썼습니다.

그림 이미정

대학에서 응용미술을 공부했습니다. 뉴욕텍스타일리스트로 활동했으며, 출판미술협회 회원입니다. 2002년 한국출판미술대전 어린이그림동화부문에서 우수상을 받았습니다.
『호랑이 형님 고맙습니다』『모래톱 이야기』들에 그림을 그렸습니다.

감수 계영희

고신대학교 정보미디어학부 교수로 재직하고 있습니다. 한국수학교육학회 이사를 지냈으며, 한국수학사학회 부회장, 한국수리과학회 이사를 맡았습니다. 지금은 수학 교사들을 대상으로 한 강연 들을 통해 수학을 쉽고 재미있게 가르치는 일에 힘쓰고 있습니다.
『수학과 미술』『수학을 빛낸 여성들』『피아제와 반 힐레 실험에 근거한-우리 아이 수학 가르치기』『수학과 문화』들에 글을 썼고, 「수학사랑」에 '수학과 미술'이라는 주제로 일 년 동안 글을 연재하였습니다.

Math challenger
수학 영재들이
꼭 읽어야 할 천재 수학자 **8**

수학으로 끊임없이 도전하라

소피 제르맹

글 박안나 | 그림 이미정 | 감수 계영희

살림어린이

추천 글

천재 수학자들 이야기를 읽으면서 여성 수학자들 이야기는 유달리 짠하게 느껴져요. 오직 수학에 대한 열정으로 사회 관습과 편견을 뛰어넘었던 이야기가 마치 영화나 드라마 같기 때문이지요.

'19세기 히파티아'라고 불렸던 소피 제르맹 이야기는 옛날에 무술에 능한 여자들이 남자처럼 꾸미고 원수를 갚았던 무술 영화 같은 분위기를 자아내요.

소피 제르맹은 '르블랑'이라는 남자 이름을 쓰며 가우스 같은 수학자들과 편지를 주고받아요. 진짜 이름을 숨길 수밖에 없었던 삶을 살아가면서 수학을 포기하지 않았던 소피 제르맹! 그 열정과 노력은 눈물겹고 가슴을 저리게 하지요.

한편 소피 제르맹이 여성이라는 사실을 알게 된 뒤에도 든든하게 지지해 주는 동료 수학자들 이야기는 또

다른 감동을 주어요. 누구보다 뛰어난 열정과 위대한 천재성은 사람들에게 마음을 사기에 충분했지요.

소피 제르맹은 아르키메데스 이야기를 읽고 '목숨을 잃을 만큼 수학이 그렇게 재미있을까?' 하는 호기심이 생겼어요. 이 책을 읽는 어린이 여러분도 소피 제르맹 이야기를 읽고 '진짜 이름을 숨길 만큼 수학이 그렇게 재미있을까?' 하는 호기심이 생길 거예요.

위대한 수학자 소피 제르맹을 만나는 기쁨과 수학에 다가가는 특별한 계기를 만들기 바라며 이 책을 추천해요.

2008년 7월

고신대학교 정보미디어학부 겸 유아교육과 교수

계영희

책을 읽기 전에

소피 제르맹이 살던 시대에는 여자들이 공부하기 매우 어려웠어요. 특히 수학 공부는 남자들만 하는 학문으로 여겨졌어요. 그러니 수학을 연구하는 여자란 존재하기조차 어려운 때였지요. 그럼에도 불구하고 소피 제르맹은 수학을 연구하는 데 일생을 바쳤어요. 진짜 이름을 숨긴 채 남자 이름을 빌려 가면서 말이에요.

수학에 빠진 소피 제르맹은 그 누구도 말릴 수 없었어요. 또 시간이 지날수록 동료는 점점 늘어났지요. 진정한 학자는 학문을 하는 데 성별을 따지지 않기 때문이에요.

소피 제르맹은 평생에 걸쳐 수많은 업적을 남겼어요. 만약 소피 제르맹이 여자라는 이유만으로 공부를 포기했다면, 수학은 발전이 늦어졌을 거예요. 소피 제르맹은 타고난 천재이기도 하지만, 굳은 의지와 용기 때문에 더욱 빛이 나지요.

여자이기 전에 수학자였던 소피 제르맹 이야기는 수학에 성큼성큼 다가가는 용기를 선물해 줄 거예요.

2008년 7월
박안나

차 례

공부에 빠진 소녀 ---- 8

아르키메데스와 나 ---- 18

수학자를 꿈꾸다 ---- 30

파리 공과대학 ---- 42

가짜 르블랑 ---- 52

공동 연구를 하다 ---- 64

특별한 소수 ---- 74

가우스를 살리다 ---- 82

프랑스 협회 최초 여성 회원 ---- 94

마지막 투혼 ---- 106

▶ 수학사에 남긴 소피 제르맹의 업적 – 118
▶ 소피 제르맹 더 살펴보기 – 124

공부에 빠진 소녀

"어머나, 소피! 어서 일어나 봐."
"소피! 도대체 이게 어찌 된 일이니?"
어느 추운 겨울 아침이었습니다.

화가 난 부모님은 소피 제르맹을 흔들어 깨웠습니다. 책상에는 수학 공부를 한 흔적이 틀림없는 석판과 꽁꽁 얼어붙은 잉크병이 놓여 있었습니다.

겨우 잠이 깬 제르맹이 부스스한 얼굴로 눈을 깜박거렸습니다.

"소피, 이게 뭐지? 응?"

아버지가 석판과 잉크병으로 책상을 톡톡 두드리며 물었습니다.

"아, 아빠……."

그제야 화들짝 잠이 깬 제르맹이 당황하며 더듬거렸습니다.

화를 꾹 눌러 참으며 아버지가 물었습니다.

"소피, 너 어젯밤에 뭐 했지?"

옆에 서 있던 어머니도 무척이나 속이 상한 듯 덧붙였습니다.

"소피, 정말 너무하는구나. 그렇게 말렸는데도 또 공부를 하다니! 엄마 아빠 마음을 왜 이렇게 몰라주지?"

"엄마 아빠, 죄송해요. 정말 죄송해요. 수학 공부가 정말 재미있어서 그만 이렇게 됐어요."

"아무리 재미있어도 참아야지! 여자가 머리 쓰는 일을 너무 많이 하면 안 된다는 거 너도 잘 알잖아. 그러다가 아프거나 정신이 이상해지면 어쩌려고 그래?"

아버지는 무척이나 화가 난 모양이었습니다. 제르맹이 가지고 있던 석판과 잉크병을 빼앗은 뒤, 딸랑딸랑 종을 흔들어 하인들에게 명령했습니다.

"이제부터 이 방 난로에 불을 피우지 말게. 소피

가 저 침대 이불 속에서 나오지 못하도록 저기 걸려 있는 옷가지도 전부 치워 놓게나."

어머니와 아버지는 석유등까지 치우게 한 다음 제르맹을 남겨 놓고 계단을 내려갔습니다.

혼자 남은 제르맹은 몸을 부르르 떨었습니다. 자기도 모르게 한숨이 나왔습니다.

수학 공부를 못 하게 하려는 부모님이 원망스러웠지만, 어쩔 수 없는 일이었습니다.

당시 사람들은 여자가 수학 공부를 하는 것은 있을 수 없는 일이라고 여겼습니다. 부모님 생각도 다른 사람들과 별반 다르지 않았습니다.

"소피, 여자는 수학 공부를 많이 하면 안 돼. 나쁜 일이 생긴단다."

"누구나 공부를 많이 하는 여자를 꺼려하는데 게다가 수학 공부라니! 다들 뒤로 넘어갈 일이지. 소피, 알아들었니?"

부모님은 귀가 아프도록 잔소리를 했습니다. 사실 제르맹도 가끔 고민스러울 때가 있었습니다. 사람들 말대로 공부를 너무 많이 해서 머리카락이 죄 빠져 버리거나, 정신이 이상해지거나, 큰병이 들면 어떡하나 하는 걱정이 들었습니다.

그때마다 제르맹은 얼른 마음을 고쳐먹었습니다. '그따위 걱정 때문에 수학 공부를 그만두다니! 다 쓸데없는 생각이야. 내가 보여 주겠어. 여자도 얼마든지 수학 공부를 할 수 있다는 사실을!'

그런데 오늘따라 부모님은 더욱 화가 난 것 같았습니다. 이렇게 부모님이 모든 것을 빼앗아 버린 일은 처음이었습니다. 사랑하는 딸이 추위에 떨 게 분명한데 난로에 불을 피우지 못하게 하는 일도 없었습니다.

제르맹은 갑자기 세상에 오직 혼자 남은 것 같았습니다. 부모님이 사라진 방문을 원망스럽게 바라보다가 이불을 푹 뒤집어쓰고는 숨죽여 울기 시작했습니다. 이 세상 어떤 것도 제르맹의 마음을 풀어 줄 것 같지 않았습니다.

'나도 남자로 태어났더라면 수학 공부를 마음껏 할 수 있었을 텐데.'

제르맹은 자신이 여자라는 사실이 새삼 서글펐습니다.

제르맹의 아버지는 한때 프랑스 은행의 관리자였고 성공한 사업가였습니다. 나중에는 정치가로 변신해 프랑스 *삼부 회의 대표를 지냈습니다.

그런 까닭에 집에는 언제나 수많은 사람들이 들락거렸습니다. 정치가와 사업가와 학자들이 모여 먹고 마시며 여러 가지 일을 의논하고 서로 의견을 나누었습니다.

또 부자인 만큼 서재에는 다양한 책들로 꽉 차 있었습니다.

---

*삼부 회의 성직자, 귀족, 평민 출신 의원들로 이루어진 프랑스의 옛 의회.

제르맹은 아주 어릴 적부터 서재에서 노는 것을 무척이나 좋아했습니다. 그래서 제르맹이 없어졌다 하면 찾는 것은 그다지 어렵지 않았습니다. 제르맹은 언제나 서재에서 책을 고르거나 쭈그리고 앉은 채 책을 읽고 있었습니다.

제르맹이 처음으로 서재에 들어온 날이었습니다. 이제 겨우 엄마 무릎을 벗어 나와 인형을 업고 다니거나 달음질을 시작할 무렵이었습니다. 그런데 제르맹이 아장아장 걸어오더니 작은 입술을 움직여 맹랑하게 말했습니다.

"아빠! 나 이 책 봐도 돼요?"

아버지는 제르맹이 책을 장난감으로 여긴다고 생각했습니다.

"그래, 하고 싶은 대로 하렴."

제르맹은 활짝 웃으며 책을 받아 들더니 쫙 펼쳤습니다. 그러고는 읽기 시작했습니다.

아버지는 신기해서 어쩔 줄 몰라 했습니다.

'우리 제르맹은 마음껏 기대해도 좋겠어. 틀림없이 교양 있고 품위 있는 아가씨가 될 거야.'

그 뒤로도 꼬마 제르맹은 틈만 나면 아장아장 걸으며 서재로 건너왔습니다.

"아빠! 나 이 책 봐도 돼요?"

그럴 때마다 아버지는 빙그레 웃으며 일어났습니다. 제르맹의 손을 꼭 잡고 높이 꽂혀 있는 책을 꺼내 주었습니다.

"이런! 이 책은 아주 두껍구나. 힘들지 않겠니?"

정말이지 어떤 책은 너무 두꺼웠습니다. 그래도 제르맹은 꼭 그 책을 읽겠다고 고집을 피웠습니다. 그러면 아버지는 고개를 절래절래 흔들며 말했습니다.

"이런! 우리 꼬마 아가씨. 책 읽는 속도가 너무 빠르군요. 자, 조금씩 천천히 보도록 해요. 여자가 책을 너무 많이 보면 머리카락이 빠져서 대머리가 될지도 모르는데. 그럼 나중에 시집도 못 가고. 어이쿠, 안 되지! 그러니까 조금만 보다가 아빠 책상 위에 올려놓아요."

하지만 제르맹은 아버지 말에는 아랑곳하지 않고, 앉자마자 곧바로 책에 빠져 들었습니다.

아르키메데스와 나

제르맹 손등 위로 눈물방울 하나가 뚝 떨어졌습니다. 제르맹은 다른 식구들이 눈치 채지 못하게 얼른 눈물을 닦았습니다. 그리고 앞에 놓인 음식을 가져다 마구 먹기 시작했습니다.

어머니와 아버지는 제르맹을 지켜보고 있었지만, 애써 모르는 체했습니다. 수학 공부를 못 하고 있는 며칠 동안, 제르맹은 누가 툭 건드리기만 해도 울음보가 터질 지경이었습니다.

제르맹은 서럽고, 무척이나 속이 상했습니다. 그렇다고 수학 공부를 포기할 수는 없었습니다.

'다른 좋은 수가 없을까? 어떻게 하면 수학 공부를 계속할 수 있지?'

제르맹은 턱 끝을 만지작거리며 생각에 잠겼습니다. 그러자 언니가 아는 체를 하며 귀엣말을 했습니다.

"소피, 너 또 수학 생각하고 있지? 여자가 수학 공부를 좋아하다니 정말 바보 같은 일이야."

언니는 다른 여자아이들처럼 훌륭한 숙녀가 되기 위해 시와 피아노, 또 우아하게 춤추는 법을 배우고 있었습니다. 힐끗 언니를 본 제르맹은 너무 속이 상한 나머지 눈을 꼭 감아 버렸습니다.

그런데 식사를 마치고 막 식당 문을 나서려고 할 때였습니다. 제르맹의 눈이 반짝 빛났습니다. 바구니 속에 하얀 양초가 들어 있었습니다.

제르맹은 얼른 양초 두어 개를 집어 들고 잽싸게 나왔습니다. 가슴이 몹시 뛰었습니다.

'됐다.'

자기 방으로 돌아온 제르맹은 숨을 내쉬었습니다. 그리고 설레는 마음으로 밤이 오기만을 기다렸습니다.

제르맹이 수학 공부에 빠진 데는 특별한 이유가 있었습니다.

날마다 서재를 들락날락하던 제르맹은 우연히 수학 역사를 다룬 책을 보게 되었습니다.

"수학사? 수학사가 어떤 책이지? 재미있겠는데?"

호기심에 눈을 반짝거리며 제르맹은 책을 펼쳐 들었습니다.

그 책에는 아주 먼 옛날에 살았던 아르키메데스라는 학자 이야기가 들어 있었습니다.

아르키메데스는 기하학과 물리학에서 많은 발견을 한 그리스 수학자이며 과학자였습니다. 그런데 아르키메데스에 얽힌 한 가지 이야기에 제르맹은 유난스럽게 관심이 쏠렸습니다.

아르키메데스는 그리스 도시인 시라쿠사에 살고 있었습니다.

로마 군이 각 도시와 나라들을 하나씩 점령하고 있던 때였습니다.

그런데 아르키메데스가 살고 있는 시라쿠사에 불길한 소문이 돌기 시작했습니다.

"시라쿠사에도 로마 군들이 쳐들어온다!"

조국을 지키려는 마음에 아르키메데스는 몇 가지 새로운 무기들을 만들었습니다. *투석기와 *기중기 들이었습니다. 시라쿠사 군사들은 제일 먼저 아르키메데스가 만든 투석기를 가지고 싸움터로 나갔습니다. 시라쿠사 군사들은 돌을 가득 단 투석기를 앞세우고 힘을 모아 외쳤습니다.

"투석기 발사!"

그러자 곧장 날아간 돌들이 로마 군 배를 정확하게 맞추며 배를 부쉈습니다.

---

*투석기 대포처럼 돌을 쏘는 무기.
*기중기 무거운 물건을 들어 옮기는 기계.

그다음 시라쿠사 군사들은 기중기를 가지고 나갔습니다. 군사들은 기중기로 로마 군 배를 번쩍 들어 올린 다음, 이리저리 마구 흔들어 댔습니다. 번쩍 들어 올린 배가 심하게 요동치자, 로마 군들은 더 버티지 못하고 떨어지기 시작했습니다.

세상에 무서울 것이 없던 로마 군은 그만 어찌할 바를 모르고 쩔쩔맸습니다.

하지만 로마 군은 역시 세계에서 제일 뛰어난 군사들이 틀림없었습니다. 더 많은 군사들을 데려오고 여러 가지 작전을 쓴 끝에 기어이 시라쿠사를 점령해 버렸습니다.

로마 군은 무서운 무기를 발명한 사람이 바로 아르키메데스라는 것을 알게 되었습니다.

"아르키메데스를 찾아오너라! 그런 천재는 틀림없이 우리 로마 군에게도 많은 도움이 될 것이다. 절대 죽이지 말고 데려오도록 하라."

로마 군은 곧 아르키메데스를 찾아갔습니다.

그때 마침 아르키메데스는 바닷가 모래밭에 쭈그리고 앉아 수학 문제를 풀던 중이었습니다. 문제 풀기에 열중하고 있던 아르키메데스는 로마 군을 쳐다보지도 않고 호통을 쳤습니다.

"이런! 내 도형을 밟아 버리다니. 거기, 자리 좀 비켜 주게나. 지금 공부하는 게 안 보이나?"

순간, 로마 군은 너무 화가 났습니다.

아르키메데스는 이름 없는 로마 군의 손에 목숨을 잃고 말았습니다.

이 이야기를 읽은 제르맹은 말할 수 없이 큰 충격을 받았습니다.

'세상에! 죽을지도 모르는 순간까지 수학 공부를 하다니!'

그리고 아르키메데스가 그토록 몰두했던 수학이 몹시 궁금해졌습니다.

'도대체 얼마나 재미있는 공부기에 목숨을 잃을 만큼 빠져 들었을까?'

호기심이 싹튼 제르맹은 당장 수학 책을 꺼내 읽기 시작했습니다. 그리고 곧 수학 공부에 재미를 붙였습니다. 얼마 뒤에는 수학의 매력에 푹 빠져 들어 날이 새는 것도 모를 정도였습니다.

이 사실을 알게 된 부모님은 고개를 절레절레 흔들며 반대했습니다. 그러나 소피는 수학 공부를 멈출 수 없었습니다. 그래서 모두 잠든 밤을 틈타 몰래 공부를 해야 했습니다. 석유등까지 빼앗겨 며칠 동안 공부를 못 했지만, 오늘은 초가 있어서 공부를 할 수 있었습니다.

이윽고 밤이 되었습니다.

제르맹은 이불을 푹 뒤집어썼습니다. 그리고 조심스럽게 받침대에 양초를 켜고 책을 폈습니다.

불빛은 밖으로 새 나가지 않았고, 이불로 몸을 감

쌌기 때문에 춥지도 않았습니다. 손이 조금 시리기는 했지만, 개의치 않았습니다.

어느새 수학 공부에 몰두한 제르맹은 손이 시린 것조차 까맣게 잊었습니다.

하지만 며칠이 못 가 또다시 들키고 말았습니다. 앞 머리카락이 타 버린 데다 콧구멍에 생긴 그을음 때문이었습니다.

눈치 빠른 어머니가 다그쳤습니다.

"그렇지 않아도 양초가 없어졌다는 소리를 듣고 있었다. 제르맹, 바로 너였지? 양초를 가져다가 몰래 불을 켜고 또 수학 공부했지?"

"어, 엄마!"

"소피! 제발 부탁한다. 이제 그만두렴."

파랗게 질린 제르맹의 눈에서 그동안 참고 참았던 눈물이 후두둑 떨어졌습니다.

수학 공부는 이제 끝이라고 생각하니 세상이 하

얗게 보일 정도였습니다.

"엄마, 부탁이에요, 제발! 저는 정말 수학이 좋다고요. 그러니까, 네?"

"소피, 그만 눈물을 닦아라. 이제 곧 숙녀가 될 텐데 그만한 일로 울다니!"

어머니는 여전히 차가운 얼굴로 말했습니다. 제르맹은 그래도 울음을 멈추지 못하고 주저앉으며 말했습니다.

"어, 엄마. 제, 제발! 나, 난 수학 공부가 좋단 말이에요. 네?"

울며불며 매달리는 딸을 어머니는 안타깝게 바라보았습니다.

어머니는 제르맹의 일을 아버지와 의논했습니다.

"여보, 소피에게 수학 공부를 그만두게 하는 일을 다시 생각해 봐야 할 것 같아요."

"소피는 수학 공부에 자신의 삶을 완전히 빠뜨려

버린 거로군. 소피를 되돌리기는 힘들 것 같소."
"어쩔 수 없지요."
어머니는 깊게 숨을 내쉬었습니다.
"여보, 이제부터 소피를 아예 아들로 여기면 어떻겠소? 그리고 소피를 끝까지 도와줍시다."
수학 공부를 그토록 반대하던 부모님은 마침내 마음을 돌렸습니다.

수학자를 꿈꾸다

당시 프랑스를 다스리는 왕은 루이 16세였는데, 왕비의 평판이 아주 나빴습니다. 왕비 앙투아네트는 아름답기는 했지만, 너무나 사치스러웠습니다. *궁정 재산을 물 쓰듯 마구 썼습니다.

정말이지 얼마 못 가, 나라 창고는 금세 바닥을 드러냈습니다.

루이 16세는 텅 빈 창고를 채우기 위해 해마다 세금을 올렸습니다. 또 여러 가지 세금을 새로 만들

＊**궁정** 왕이 거처하는 집.

고, 그러고도 부족해 지금까지는 세금을 내지 않았던 귀족과 성직자들에게 세금을 내라고 명령했습니다.

"이제부터는 귀족과 성직자들도 모두 세금을 내도록 하시오!"

왕이 내린 명령에 귀족과 성직자들은 몹시 화가 났습니다.

그동안 잠잠했던 시민들도 자신들 처지가 한심스럽기 그지없다는 것을 깨달았습니다.

자신들은 뼈 빠지게 일하고도 죽 한 그릇 먹기조차 힘겨운 상황이었습니다. 그런데도 왕과 귀족들, 또 성직자들은 자신들이 바치는 세금으로 온갖 사치를 즐기고 있었습니다.

다른 사람들 배를 불리느라 굶주린 배를 움켜쥐고 평생 동안 일해야 한다고 생각하니 분통이 터졌습니다.

마침내 시민들은 왕과 귀족에 맞서 싸우기 위해 똘똘 뭉쳤습니다. 시민들은 날마다 한데 모여 궁정에 대고 소리쳤습니다.

"이제 더는 귀족들의 사치스러운 생활을 위해 살 수는 없어!"

"지금 우리는 너무 배가 고파. 내일 당장 먹을 빵도 없단 말이야."

"우리에게 먹을 빵을 주시오!"

"빵을! 빵을! 빵을! 빵을!"

화가 머리끝까지 난 시민들은 불만을 마구 터뜨리기 시작했습니다.

궁정에서는 군대를 앞세워 시민들을 몰아내려 했습니다.

일이 다급해지자, 시민들은 먼저 정치범 수용소인 바스티유 감옥을 점령해 버렸습니다.

이 소문은 금세 들불처럼 프랑스 전국을 휩쓸었

습니다. 이제는 농민들조차 떼를 지어 몰려다니며 *영주가 사는 성에 쳐들어갔습니다.

왕족과 귀족들은 언제 위험이 닥칠지 몰라 무서움에 벌벌 떨었습니다.

"휴! 이 혼란이 언제쯤 가라앉으려나."

"글쎄 누가 알겠소. 아무튼 식구들 모두 섣불리 밖에 나가는 일이 없도록 조심해요."

"예, 알았어요."

제르맹도 바깥나들이를 삼갔습니다. 부모님은 어린 딸들을 철저하게 보호하기로 마음먹었습니다.

그런데 제르맹은 갑갑해하기는커녕 오히려 즐겁게 시간을 보냈습니다. 하루 종일 책에 파묻혀 지내거나, 좋아하는 수학 공부를 마음껏 할 수 있었습니다.

수학 공부를 마음 놓고 할 수 있게 되자, 제르맹은 무척 기뻤습니다.

***영주** 중세 유럽 국가에서 영지와 영지에 살고 있는 사람들에게 영주권을 행사하던 사람.

제르맹은 이제 낮에도 공부할 수 있었고, 밤이면 난롯불이 활활 타오르는 방에서 석유등을 켜고 책상 앞에 앉아 공부를 했습니다. 제르맹은 집에 있는 수학 책을 모조리 읽었습니다.

깜짝 놀란 어머니와 아버지가 말했습니다.

"여보. 우리 소피 좀 봐요. 저 애는 책을 송두리째 삼켜 버리는 것 같군요."

"우리 꼬맹이는 웬만한 남자들보다 훨씬 똑똑해. 남자 열 사람보다도 낫단 말이야."

큰 부자였던 아버지는 새로 나온 수학 책을 맨 먼저 사 주었고, 프랑스에서 제일가는 학자들을 초대해 이야기를 나눌 수 있도록 힘써 주었습니다. 이런 일들은 제르맹이 수학 공부를 하는 데 아주 큰 도움이 되었습니다.

그렇지만 언니는 제르맹을 답답하게 여겼습니다. 이따금 방으로 찾아와 제르맹을 놀리곤 했습니다.

"소피, 이 괴물! 넌 지겹지도 않니? 혹시 엉덩이에 곰팡이가 피지는 않았어?"

제르맹은 배시시 웃었습니다.

자매는 오랜만에 산책 길을 따라 걸으며 햇빛을 즐기기로 했습니다.

언니가 노래를 흥얼거리며 앞서 걷고, 제르맹이 뒤를 따랐습니다.

제르맹의 눈앞에 갑자기 수없이 많은 원이 나타나 서로 고리를 만들었다가 흩어졌습니다. 또 삼각형, 사각형, 오각형, 육각형, 칠각형, 팔각형, 그렇게 꼭지점이 점점 늘어난 도형이 마침내 원과 비슷한 형태로 떠올랐습니다.

끝없이 이어진 숫자가 뱀처럼 꼬리를 끌며 꿈틀꿈틀 기어가는 모습이 떠오르기도 했습니다. 나무와 풀과 작은 돌멩이조차도 온통 숫자와 도형으로 이루어진 것처럼 보였습니다.

제르맹은 고개를 끄덕이며 빙그레 웃었습니다.
그때 갑자기 언니 목소리가 들려왔습니다.
"소피! 너 또 혼자 웃고 있었지! 정말 왜 그래? 수학 공부를 하더니 이상해진 거 아니야?"
깜짝 놀란 제르맹이 말했습니다.
"나 안 웃었는데? 만약 웃었다면 그건 수학 때문이었지. 수학은 정말 아름다워!"
"오, 소피! 넌 이상해진 게 틀림없어."
제르맹은 한숨을 푹 쉬었습니다.
"휴! 언니가 만약 수학에 감춰진 어떤 법칙을 깨닫거나, 그 비밀을 안다면 훨씬 재미있게 지낼 수 있었을 텐데. 정말 안됐어, 언니."
"소피! 난 여자야. 수학 따위에 관심이 없는 건 당연한 거야. 알겠니?"
"하지만 언니, 언니가 좋아하는 그림과 음악에도 수학이 숨어 있어. 그림은 *소실점을 중심으로

***소실점** 눈으로 볼 때, 평행한 두 선이 멀리 가서 한 점에서 만나는 점.

기하학적 성질을 지니고 있지? 음악은 일정한 법칙이 있는 음계로 구성되어 있고. 무슨 말인지 알겠어, 언니?"

언니는 제르맹이 하는 말을 이해할 수 없었습니다. 자매는 말없이 숲길을 헤치며 걸어갔습니다. 숲 속 향기가 머릿속을 맑게 헹구어 주는 것 같았습니다.

"언니. 저것 좀 봐."

제르맹이 가리킨 것은 뿌리가 밖으로 드러난 한 그루 커다란 나무였습니다. 초록 잎이 빼곡한 가지 사이로 파란 하늘을 이고 있는 기이할 정도로 아름다운 나무였습니다.

자매는 누가 먼저랄 것도 없이 달려가서 나무에 등을 대고 나란히 앉았습니다.

"언니. 잘 살펴봐. 자연에 있는 모든 것. 나무나, 꽃이나, 개미나 꿀벌의 움직임. 거미줄이나 벌집 모양. 사실은 이 모든 것도 일정한 수학적 구조를 지니고 있어. 만약 수학적인 비율과 조화가 없다면 어떤 아름다움도 존재하지 못할 거야."

언니는 마침내 할 말을 잃고 말았습니다. 그리고 제르맹이 무척 낯설게 느껴졌습니다.

제르맹은 다른 사람이 자신을 어떻게 보는지 조금도 상관하지 않았습니다. 수학을 향한 열정으로 똘똘 뭉친 제르맹은 다시 한 번 강조했습니다.

"언니, 수학은 정말 멋진 학문이야. 우리 인류에게 수학이 없었다면, 우리는 집을 짓거나 배를 만들거나 농사를 지을 수도 없었을 테니까. 그래서 난 수학이 아름답다고 생각해."

제르맹은 수학 실력이 하루가 다르게 늘어 갔습니다. 수학자들이 쓴 논문을 읽는 것도 문제없었습니다. 또 혼자서 라틴 어를 익혀 오래전부터 내려온 책들도 모두 읽었습니다. 제르맹은 기하학, 대수, 미적분학 들을 모두 공부했습니다.

부모님은 제르맹의 열성에 혀를 내둘렀습니다.

파리 공과 대학

"소피! 소피!"

어린 시절부터 함께 공부를 해 오던 친구가 헐레벌떡 뛰어오며 소리쳤습니다.

무엇이 그리 급한지 집으로 들어와서도 멈추지 않고 제르맹을 연신 불러 댔습니다.

"소피! 소피!"

소란스러운 기척에 제르맹이 달려갔습니다. 턱까지 숨이 차는지 친구는 마치 물에 빠진 사람처럼 손을 허우적거리며 말했습니다.

"아, 소피. 거기 있었구나. 내 말 좀 들어 봐."
"오, 제발 진정해. 도대체 무슨 일이야?"
제르맹이 궁금한 얼굴로 물었습니다.
"좋은 소식이야. 기쁜 소식이라고! 너 나한테 단단히 한턱을 내야 할 거야. 알겠지?"

"무슨 일인지 아직 말도 안 꺼내 놓고 다짜고짜 한턱부터 내라니. 도대체 왜 그래?"

"흐흐. 사실은 다음 해에 수학자들이 파리에 학교를 세운다는 소식을 들었어. 어때? 정말 기쁘지?"

그런데 뜻밖에도 제르맹은 태도가 싸늘했습니다.

"그게 나하고 무슨 상관인데?"

"이런! 아직 무슨 말이지 몰라? 파리에 공과 대학이 세워진다니까! 이제 앞으로 프랑스 곳곳에서 수학과 과학을 공부하려는 학생들이 몰려들 거야. 우리 둘이 그 학교에 들어가자고."

친구가 신 나게 떠들어 댔지만 제르맹은 여전히 팔짱을 낀 채 서 있었습니다.

안달이 난 친구가 투정하듯 말했습니다.

"뭐야? 소피! 넌 아무렇지도 않다는 거야? 어떻게 그럴 수 있지? 여기 파리에 공과 대학이 생기면 라그랑주도 와서 학생들을 가르친다고 했단 말이야. 너도 잘 알잖아. 라그랑주가 어떤 사람인지! 그는 정말 대단한 수학자야. 이건 인생에 한 번 올까 말까 한 기회라고. 안 그래?"

라그랑주라는 말에 제르맹은 순간 귀가 번쩍 뜨였습니다.

라그랑주는 뛰어난 수학자로 프랑스 아카데미를 이끌고 있었습니다. 아무리 어려운 문제도 간단하게 해결해 버리는 것으로 소문이 자자했습니다. 특히 *십진법 일화가 가장 유명했습니다.

십진법 일화는 어느 학회에서 일어난 일이었습니다. 발표를 맡은 학자가 *호의 길이를 설명할 때였습니다. 학자는 호의 길이를 12로 나누어 계산을 했습니다. 그런데 계산이 너무 복잡해 자리에 있던 사람들이 어려워했습니다.

그때 라그랑주가 나섰습니다.

***십진법** 10을 기준으로 하여 쓰는 수 기록 법.
***호** 원둘레, 또는 원둘레 한 부분.

"여러분은 왜 계산할 때 십이진법을 쓰지요? 십진법을 쓰면 계산이 훨씬 간단할 텐데요."

자리에 있던 사람들이 모두 놀라 눈을 동그랗게 떴습니다. 십이진법은 아주 오래전부터 전해 내려온 방식으로 아주 우수하다고 생각했습니다.

그런데 라그랑주는 십진법을 알리고, 계산이 얼마나 간단해지는지 설명했습니다.

"십진법을 쓰면 계산하기도 아주 편합니다. 10이나 100과 같은 수를 곱하면 자릿수만 옮기면 되지요."

설명은 들은 사람들은 고개만 끄덕일 뿐 아무 말도 하지 못했습니다.

제르맹도 라그랑주를 만나 보고 싶었습니다. 라그랑주는 성품이 온화하고 겸손하다고도 알려져 있었습니다. 바로 그 라그랑주가 파리 공과 대학으로 온다는 소식이었습니다.

그런데도 제르맹은 기뻐할 수 없었습니다.

제르맹도 파리에 공과 대학이 들어선다는 소식은 이미 들어 알고 있었습니다. 이름 높은 학자들과, 실력이 뛰어난 학생들이 공과 대학에 몰려들 것은 뻔했습니다. 하지만 여자는 공과 대학에 들어갈 수 없었습니다.

신 나게 떠들던 친구는 문득 이상한 생각이 들었습니다.

"소피, 왜 그래?"

"공과 대학이 생기면 뭘 해?"

제르맹은 무엇이 그리 마음에 들지 않는지 뾰족하게 대답했습니다.

친구는 어리둥절해졌습니다.

"대학에 들어가도 너만큼 잘하는 사람은 드물 텐데. 넌 반드시 주목을 받게 될 거야."

"너 잊었구나. 난 여자야. 이제 막 열여덟 살이 된 '열등한' 여자라고! 공과 대학은 여자를 받아 주지 않는다고. 이제 내 말 알아듣겠니?"

그 말을 듣자 친구는 몹시 당황스러웠습니다. 제르맹이 여자라는 사실을 그만 까맣게 잊고 있었습니다.

"미안해, 소피. 너랑 함께 공부하다 보니 종종 네가 여자라는 사실을 깜박해."

"호호호. 그렇게 미안해하지 마. 장난이야, 장난. 그렇다고 내가 가만있을 것 같니? 어떻게든 공부하고 말 테니까 너무 걱정 말라고."

"정말이야? 여자도 공부할 수 있게 해 달라고 부탁할 만한 사람이라도 생각났니?"
"글쎄. 내 생각으로는 네가 도와줄 수 있을 것 같은데?"
"뭐? 내가? 내가 어떻게?"
"분명 좋은 수가 있을 거야. 어쨌든 내가 만약 부탁한다면 꼭 도와줄 거지?"
친구는 얼른 고개를 끄덕였습니다.

"좋아, 소피. 네가 공부할 수 있는 방법만 있다면 어떻게든 도와주겠어."

친구 말에 제르맹은 눈을 반짝였습니다.

가짜 르블랑

　1794년, 마침내 파리 한복판에 공과 대학이 세워졌습니다.

　제르맹과 수학 공부를 한 적이 있는 친구들도 공과 대학에 들어가게 되었습니다. 친구들은 라그랑주 교수를 만나 보게 되었다며 모두 기쁨에 들떠 있었습니다.

　제르맹은 친구들을 진심으로 축하해 주었습니다. 하지만 한편으로 속이 너무 상했습니다.

제르맹은 어떻게 해서든 수학 공부를 더 하고 싶었지만, 뾰족한 수가 생각나지 않아 머리를 싸매고 있었습니다.

그런데 고맙게도 첫 수업을 받기 전날, 친구는 제르맹을 찾아왔습니다. 제르맹이 어떤 방법으로 공부 하는 것이 좋을지 의논하기 위해서였습니다.

순간, 생각하지도 않은 말이 제르맹 입에서 튀어나왔습니다.

"너 말이야. 혹시 네 강의 공책 좀 빌려 줄 수 있겠니?"

"아, 물론! 그렇고말고. 네가 공부할 수만 있다면야 무슨 짓인들 못 하겠어? 내 친구들의 강의 공책까지도 몽땅 빌려다 주겠어."

제르맹은 함박웃음을 지었습니다.

드디어 첫 수업 날이었습니다.

학생들은 라그랑주 교수를 기다리며 겁먹은 얼굴

로 앉아 있었습니다.

 조금 뒤, 드디어 라그랑주 교수가 교실로 들어왔습니다. 수학계의 거인으로 알려진 라그랑주 교수는 생각보다 소탈해 보였습니다.

학생들은 긴장했던 마음을 풀었습니다.

라그랑주 교수는 몸집도 작고, 학생들을 둘러보며 조금 쑥스러워했습니다. 하지만 수업을 시작하자, 금방 달라졌습니다. 최근 밝혀진 수학 내용까지 정확하게 꿰뚫고 있는 데다가 학생들에게 아주 쉽게 설명해 주었습니다.

수업이 계속될수록 학생들은 넋을 잃었습니다.

"소피, 소피!"

학교 공부를 마치고 친구는 부리나케 제르맹을 찾아왔습니다. 친구는 학교에서 알게 된 친구들도 소개해 주었습니다.

제르맹은 친구들을 통해 학교 분위기와 수업 내용을 알 수 있었습니다.

이야기를 들으면 들을수록 학교 공부에 참여하고 싶은 마음이 굴뚝같았습니다.

"라그랑주 교수님 수업은 어땠어?"

"라그랑주 교수님은 정말 훌륭하신 분이야. 그분 밑에서 공부를 할 수 있다는 게 정말 큰 행운이라고 생각해."

친구들은 열을 올리며 수업 시간에 공부한 내용을 들려주었습니다.

"소피, 비록 학교를 다니며 직접 강의를 들을 수는 없지만, 강의 공책을 보면 함께 공부할 수 있을 거야."

친구들은 너도나도 강의 공책을 내밀었습니다. 제르맹은 친구들에게 감동했습니다.

제르맹은 라그랑주 교수 수업을 비롯해 다른 교수들 강의 공책도 얻어서 공부를 했습니다.

직접 수업을 듣지 못하는 아쉬움은 남았지만, 제

르맹은 강의 공책을 보며 수학을 공부했습니다. 친구들과 함께 하는 토론도 큰 도움이 되었습니다.

제르맹은 강의 공책으로 공부를 하면서 느낀 점을 적고, 이해가 안 되거나 의심나는 점은 한쪽에 적어 놓았습니다.

제르맹은 특히 라그랑주 교수 강의 공책을 열심히 공부했습니다. 그즈음 제르맹은 *해석학에 푹 빠져 있었습니다. 해석학은 새로운 수학 분야로 라그랑주가 하는 중심 연구 분야이기도 했습니다.

제르맹은 해석학 연구에도 참여하고 싶었습니다. 그래서 해석학에 대해 자신의 의견을 조리 있게 쓴 글을 써 내려갔습니다.

여름 방학이 가까울 무렵이었습니다.

라그랑주 교수는 학생들에게 과제를 내주었습니다. 학생 자신이 공부한 것을 학기말에 보고서로 제출하는 과제였습니다.

***해석학** 기하학 등에서 함수 성질을 미분, 적분이라는 수학 개념을 기초로 연구하는 수학.

이 사실을 안 제르맹도 과제를 제출하고 싶었습니다. 하지만 아무리 생각해도 방법이 없었습니다. 학교도 다니지 않는 여자의 이름으로 제출한 과제는 보지 않을 게 뻔했습니다.

제르맹의 마음을 읽은 친구가 살짝 귀띔을 해 주었습니다.

"우리 학교에 다니다가 이번에 그만둔 학생이 있어. 이름은 르블랑이야. 그 애 이름으로 과제를 내면 돼."

"그래도 될까?"

"교수님이 안 보시면 할 수 없는 거지만, 한번 해 보자고."

친구 말을 듣고도 제르맹은 망설였습니다. 존경하는 교수님을 속이는 것 같아 마음이 편치 않았습니다. 하지만 꼭 한 번만이라도 라그랑주 교수에게 평가를 받고 싶었습니다.

제르맹은 그동안 혼자 공부하며 정리했던 내용들로 보고서를 작성했습니다. 그리고 르블랑이라는 남학생 이름으로 서명을 한 뒤 친구에게 주었습니다. 친구는 기뻐하며 제르맹이 작성한 보고서를 라그랑주 교수에게 냈습니다.

라그랑주 교수는 학생들이 낸 보고서를 차례차례 읽었습니다. 모두 수준이 비슷비슷했습니다.

그런데 유달리 한 보고서가 눈에 확 띄었습니다. 르블랑이라는 학생이 써낸 보고서였습니다. 그동안 공부한 내용에 자기 나름대로 해석을 달고, 의심나는 부분은 따로 질문을 했는데 그 내용이 아주 충실했습니다.

"오! 아주 훌륭하군. 당장에 이 학생을 만나 토론을 해 봐야겠어."

보고서를 다 읽은 라그랑주 교수는 당장 르블랑을 찾아 나섰습니다.

"교수님. 그 학생은 이번에 학교를 그만둔 학생입니다. 무슨 일로 그러시죠?"

라그랑주 교수에게 한 학생이 말했습니다.

"그럴 리가 있나? 방금 전에 그 학생이 제출한 보고서를 내가 보았는데."

"아, 그 보고서 말입니까? 교수님. 그 보고서를 쓴 사람은 이름만 빌렸을 뿐, 집에서 혼자 수학을 공부하는 여자라고 들었습니다. 저 학생에게 물어보시면 알 수 있을 것입니다."

"여자라고?"

라그랑주 교수는 고개를 갸우뚱하며 제르맹 친구에게 물었습니다.

"사실입니다, 교수님. 보고서를 낸 사람은 제르맹이라는 여자입니다. 혼자 집에서 수학을 공부하고 있지요. 교수님에게 가르침을 무척이나 받고 싶어 하기에 다른 사람의 이름을 빌려 쓴 보고서를 제가 대신 내 준 것입니다."

"좋아. 그렇다면 제르맹에게 알려 주게. 내일 내가 직접 집으로 찾아가겠다고 말이야. 보고서는 아주 훌륭했고, 내가 제르맹과 토론을 하고 싶어 한다는 사실도 전해 주도록."

친구는 기쁜 마음으로 달려가 제르맹에게 이 사실을 전해 주었습니다.

다음 날 라그랑주 교수는 직접 제르맹을 찾아왔습니다.

"오! 자네가 바로 가짜 르블랑인가? 보고서가 아주 훌륭하고 독특했다네."

라그랑주 교수는 웃으며 제르맹이 가진 재능과 용기를 칭찬하며 격려해 주었습니다.

"제르맹. 자네 같은 사람은 계속 수학 공부를 해야 하네. 내가 기꺼이 공부를 돕겠네."

제르맹은 뛸 듯이 기뻤습니다.

라그랑주 교수는 제르맹에게 몇 가지를 제안했습니다.

"제르맹! 여기 읽을 책과 논문들을 적어 놓았네. 이 책들을 찾아보고 어려운 부분이 있거든 언제라도 말하게. 내가 직접 설명해 주거나 그렇지 않으면 편지로 가르쳐 주겠네."

비록 학교에 다니며 수업을 들을 수는 없었지만, 제르맹에게도 든든한 지도 교수가 생겼습니다.

공동 연구를 하다

 라그랑주 교수는 약속을 충실히 지켰습니다. 제르맹은 풀리지 않는 문제가 생기면 라그랑주 교수를 찾아가거나 편지를 썼습니다. 라그랑주 교수는 제르맹이 질문을 하면 열성적으로 답변을 해 주었습니다.

 제르맹은 수학자 르장드르가 쓴 『수 이론에 관한 에세이』를 공부하며 덧붙이는 의견을 조리 있게 쓰고, 새 기술을 만들었습니다.

"오! 이건 아주 놀라운 일이군. 이 책을 쓴 르장드르가 이 사실을 알면 무척 기뻐할 거야."

라그랑주 교수가 보기에도 아주 뛰어난 연구 결과였습니다.

"제르맹, 르장드르에게 편지를 쓰게. 내가 자네 실력을 보증해 주겠네."

제르맹은 기쁜 마음으로 르장드르에게 편지를 썼습니다.

편지를 받은 르장드르는 깜짝 놀랐습니다. 자신이 세운 이론을 꿰뚫고 있었고, 더욱 발전시킬 수 있는 탁월한 의견에 감동을 받았습니다.

르장드르는 제르맹과 함께 연구하고 싶은 마음을 편지로 알렸습니다. 제르맹도 르장드르의 뜻을 받아들였습니다. 두 사람은 편지를 주고받으며 공동 연구를 했습니다. 두 사람이 힘을 합치자, 연구가 착착 진행되었습니다.

제르맹은 그 밖에도 많은 수학자들을 알게 되었습니다. 모두 라그랑주 교수가 힘써 준 덕분이었습니다.

제르맹이 스물다섯 살이 되었습니다. 혁명으로 일어난 소용돌이도 이제 잠잠해졌습니다.

그즈음 이웃 나라 독일에서 수학자들에게 큰 영향을 준 책이 나왔습니다. 수학자 가우스가 펴낸 『정수론 연구』였습니다. 라그랑주 교수도 가우스에게 편지로 찬사를 보냈습니다.

유럽 최고의 수학자가 된 것을 축하합니다.
당신은 역사에 길이 남을 위대한 수학자가 될 것입니다.

― 라그랑주가

제르맹도 『정수론 연구』에 푹 빠졌습니다.

"지금까지 수학자들이 해 온 연구가 질서 있게 잘 정리되어 있어. 수학자들이 너무 어려워 풀지 못했던 문제들에 대한 풀이 과정과 해답도 있고, 새로운 내용도 있지. 게다가 앞으로 수학자들이 연구해야 할 방향까지 알려 주다니. 정말 대단한 책이야."

제르맹은 문득 재미있는 숫자 놀이를 생각해 냈습니다. 그것은 아름다운 그림 같기도 했고, 수가 계속 아기를 낳는 것처럼 보이는 숫자 놀이였습니다. 제르맹은 이 재미있는 놀이를 식구들과 얼른 해 보고 싶었습니다.

마침내 온 식구들과 함께 할 시간이 돌아왔습니다. 제르맹은 우선 가우스라는 수학자 이야기를 들려주었습니다. 그리고 숫자가 아기를 어떻게 낳는지 그 모습을 보여 주겠다고 말했습니다.

제르맹은 문제를 죽 써 내려갔습니다.

"1 곱하기 8 더하기 1은 9야. 12 곱하기 8 더하기 2는 98이지."

식구들은 어리둥절해하며 제르맹을 쳐다보았습니다.

제르맹은 123, 1234, 12345와 같이 숫자를 늘려 가면서 8을 곱한 다음, 123에는 3을, 1234에는 4를 12345에는 5를 곱하는 식으로 문제를 쭉 써 내려갔습니다.

답을 알게 된 식구들은 모두 탄성을 질렀습니다. 답은 9, 98, 987과 같은 식으로 규칙을 이루었습니다.

"우아, 소피! 수학 놀이가 이렇게 재미있으리라고는 생각도 못 했어."

"줄지어 쓰인 숫자들이 마치 요술을 부리는 것 같구나!"

식구들은 제르맹을 흐뭇하게 바라보았습니다.

그즈음 제르맹은 별로 말이 없었습니다. 입을 꾹 다물고 늘 뭔가 골똘히 생각하는 모습이었습니다. 온몸에서 지성을 풍기다 못해 근엄함마저 느껴졌습니다. 그래서 식구들은 제르맹을 대하기가 어려웠습니다.

제르맹은 아주 즐거운 듯 문제와 식이 규칙으로 어우러진 숫자들을 써 내려갔습니다. 식구들은 제르맹과 함께 즐거운 시간을 보냈습니다.

제르맹은 『정수론 연구』에 *주석을 달아 가며 깊이 있게 연구하기 시작했습니다.

"이름 있는 수학자들도 정확히 이해하지 못하는 경우가 많다더니 정말 그러겠는데."

제르맹은 연구를 하면 할수록 더욱 감탄을 했습니다.

그러던 어느 날, 제르맹은 이상한 점 몇 가지를 발견했습니다.

---

*주석 낱말 뜻, 또는 문장 뜻을 쉽게 풀이한 글.

"어? 여기는 매끄럽게 연결이 잘 안 되네. 가우스가 빠뜨린 게 분명해. 가우스가 내놓은 이론대로라면 이 부분이 들어가야 하는데 말이야."

고민하던 제르맹은 용기를 내어 이 사실을 가우스에게 알리기로 마음먹었습니다.

이번에도 제르맹은 르블랑이라는 남자 이름을 써서 편지를 보냈습니다. 혹시라도 여자가 보낸 것을 알면 가우스가 진지하게 검토하지 않을까 봐 걱정이 들었습니다.

편지를 받은 가우스는 고개를 갸웃거렸습니다.

"르블랑이라. 처음 들어 본 이름인데……."

가우스는 가벼운 마음으로 편지를 읽기 시작했습니다. 그러나 편지를 다 읽고 난 뒤 가우스는 놀라 탄성을 질렀습니다.

"믿기지 않아. 이름도 없는 수학자가 이토록 훌륭한 의견을 보내오다니!"

가우스는 곧 답장을 보냈습니다.

존경하는 르블랑 씨!
좋은 의견을 보내 주셔서 매우 감사합니다.
우리는 서로 좋은 친구가 될 수 있겠군요.
수학에 관한 연구도 함께 나눌 수 있으리라 여겨집니다.
제 생각이 어떤지요? 답장 부탁드립니다.

- 가우스가

제르맹은 가우스가 한 제안을 기분 좋게 받아들였습니다. 그래서 가우스에게 답장을 보냈습니다. 이번에도 르블랑이라는 이름을 썼습니다.

그렇게 된다면 저로서는 매우 영광입니다. 몇 가지 수학 연구에 관한 방법들을 제안하고 싶습니다. 이 방법을 검토해 보시고 좋은 의견 바랍니다.
- 르블랑이

제르맹은 함께 연구할 수 있는 방법들을 편지에 정성스럽게 적었습니다.
두 사람은 서로 존경하고 마음이 통하는 공동 연구자가 되었습니다.

특별한 소수

짓궂은 사람들은 가끔 제르맹에게 물었습니다.

"제르맹. 당신은 왜 아직 결혼을 하지 않지요?"

그러면 제르맹은 얼굴에 조용히 웃음을 띠며 대답했습니다.

"나는 진리와 결혼했답니다."

사실 제르맹은 수많은 학자들과 편지로 의견을 나누기에도 바빴습니다.

매일 계속되는 수학 연구와 증명을 해내려면 하

루 스물네 시간도 모자랄 지경이었습니다. 제르맹은 잠자는 시간까지도 줄이고 또 줄여야 했습니다.

어느 날 가우스에게서 편지가 왔습니다. 가우스는 다른 수학자를 제르맹에게 소개했습니다.

나는 당신에게 또 한 친구를 소개하려고 합니다. 이름은 르장드르입니다.

파리 사관 학교의 수학 교수로 매우 진지하고 성실한 사람이지요.

그 역시 당신처럼 파리에 살고 있습니다.

이제 당신은 가끔 그의 얼굴을 마주 보며 더 많은 의견을 말할 수 있을 것입니다.

그리고 또 우리는 셋이지만 하나가 될 것이고, 수학계에서 든든한 디딤돌이 될 것입니다.

― 가우스가

사실 제르맹은 그전부터 르장드르와 편지를 주고받으며 수학 연구를 해 오고 있었습니다. 편지를 읽으며 제르맹은 피식 웃었습니다.

그즈음 제르맹은 소수를 연구하고 있었습니다. 소수는 1과 자기 자신이 아닌 다른 어떤 수로는 나누어떨어지지 않는 수로 무한히 많았습니다.

"에라토스테네스는 소수를 찾아내는 아주 쉬운 방법을 만들었지. 에라토스테네스 체를 만들어 볼까?"

제르맹은 종이에 숫자를 죽 썼습니다. 그리고 우선 소수가 아닌 1을 펜으로 그었습니다. 그다음 4, 6, 8, 10, 12와 같은 2의 배수들을 모두 펜으로 그었습니다. 그다음에는 9, 15, 21과 같은 3의 배수들을 모두 펜으로 그었습니다. 그렇게 배수를 찾아 없애자, 2, 3, 5, 7, 11과 같은 소수들만 쏙 남았습니다.

"이천 년 전에 소수를 찾는 이런 쉬운 방법을 찾아내다니, 정말 훌륭해."

제르맹은 에라토스테네스 체를 뚫어지게 바라보았습니다. 소수들 사이에 특별한 관계가 있는 듯했습니다. 제르맹은 소수들을 놓고, 이런저런 식을 만들어 보았습니다. 종이에 소수로 이루어진 식들이 빽빽이 채워졌습니다.

제르맹은 소수를 연구하다가 특별한 성질을 발견하면 가우스와 르장드르에게 편지를 썼습니다.

가우스와 르장드르는 제르맹이 보내온 편지를 받을 때마다 즐거웠습니다. 편지에 적힌 내용들은 그동안 보지 못했던 아주 새로운 생각이었습니다.

가우스와 르장드르는 제르맹이 한 연구 결과를 꼼꼼히 검토하고 자기 의견을 덧붙였습니다.

가우스와 르장드르는 편지마다 격려를 아끼지 않았습니다. 제르맹은 편지를 받고 더욱 연구에 힘을

기울였습니다.

그러던 어느 날이었습니다.

소수를 연구하던 제르맹은 아주 특별한 성질을 발견했습니다.

"2라는 소수에 2를 곱하고 1을 더하면 5로 소수가 나오지. 3에 2를 곱하고 1을 더하면 7로 소수가 나오고, 또……."

제르맹은 손을 빠르게 움직여 계산을 해 나갔습니다. 계산에 쓰는 소수가 점점 커졌습니다. 그렇게 2를 곱하고 1을 더했을 때 답이 소수가 되게 하는 소수를 찾았습니다.

계산에 열중하던 제르맹이 갑자기 소리쳤습니다.

"2를 곱한 다음 1을 더했을 때 소수가 되게 하는 소수는 도대체 몇 개지?"

제르맹은 자신이 발견한 것을 가우스와 르장드르에게 편지로 알렸습니다.

어떤 소수에 2를 곱한 다음 1을 더하면 답이 소수가 되는 경우가 있습니다.

소수 2에 2를 곱한 다음 1을 더하면 답은 5로 소수입니다. 소수 3과 소수 5도 2를 곱한 다음 1을 더하면 답은 각각 7과 11로 소수입니다.

하지만 소수 7은 2를 곱한 다음 1을 더하면 답은 15로 소수가 아닙니다. 따라서 7은 앞에서 쓰인 소수들과 조금 다릅니다.

2를 곱한 다음 1을 더했을 때 답이 소수가 되게 하는 소수는 얼마나 많을까요? 1부터 100까지는 2, 3, 5, 11, 23, 29, 41, 53, 83, 89로 모두 10개였습니다.

— 르블랑이

가우스와 르장드르는 편지를 받고 몹시 흥분했습니다.

"이건 마치 모래 속에서 반짝이는 보석을 찾은 것 같군!"

"새로운 별을 찾은 기분이야. 대단한 발견이야. 아주 멋진 일이라고!"

이 일은 마치 한 번도 올라가지 못한 산봉우리를 제르맹이 먼저 올라간 것과 같았습니다. 그리고 저 아래 수학자들을 향해 어서 올라오라고 손짓하는 것처럼 보였습니다. 이 소수들은 훗날 소피 제르맹 소수라고 불렸습니다.

가우스를 살리다

　제르맹이 가우스와 편지를 주고받은 지도 어느덧 삼 년이 지났습니다.

　당시 프랑스는 나폴레옹 세상이었습니다. 전쟁에서 이긴 뒤, 스스로 황제가 된 나폴레옹은 주변 나라를 쳐들어갔습니다.

　1807년, 나폴레옹 군대는 독일에 쳐들어갈 계획을 세웠습니다.

　이 소식을 들은 제르맹은 아르키메데스처럼 가우

스도 목숨을 잃게 될까 봐 몹시 걱정이 되었습니다. 하지만 제르맹은 어떻게 도와야 할지 알 수가 없었습니다.

그러던 어느 날이었습니다. 집에서 큰 만찬이 열렸습니다.

저녁이 되자 집 안에는 화려한 등불이 켜졌습니다. 초대받은 사람들이 하나 둘 모여들기 시작했습니다. 아버지와 가까운 정치가와 사업가들도 있었고, 장교들이 있었습니다. 장교들은 곧 독일로 떠나는 페르네티 장군 부하들이었습니다.

제르맹은 수수하기 짝이 없는 드레스를 입고 뻣뻣하게 서서, 지루한 만찬이 어서 끝나기만을 바라고 있었습니다.

바로 그때였습니다.

아버지와 장교들이 나누고 있던 대화가 제르맹 귀에 쏙 들어왔습니다.

"우리가 독일 브라운슈바이크까지 가려면 얼마나 걸릴지 우리도 알 수 없습니다. 누군가 우리를 공격한다면 우리는 싸울 수밖에 없으니까요. 그래도 우리는 최선을 다해 서두를 생각입니다. 페르네티 장군께서는 바로 그곳, 브라운슈바이크에서 기다리고 계시니까요."

깜짝 놀란 제르맹이 휙 돌아보며 물었습니다.

"브라운슈바이크? 아, 죄송합니다만, 방금 브라운슈바이크라고 하셨나요?"

"예. 그렇습니다. 우리는 내일 아침 브라운슈바이크로 떠납니다."

갑자기 끼어드는 제르맹에게 장교들이 놀라며 대답했습니다.

"그렇다면 한 가지 부탁을 드려도 될까요?"

"오, 소피! 그런 실례를 하다니."

어머니가 얼굴을 찡그렸습니다.

그렇지만 아버지는 제르맹을 보며 조용히 고개를 끄덕였습니다. 제르맹이 그런 부탁을 하는 데는 무슨 까닭이 있을 것으로 여겼습니다.
장교들이 말했습니다.
"괜찮습니다, 아가씨. 말씀하세요. 우리가 할 수 있는 것이면 도와 드릴 테니까요."
사람들 눈이 자기를 향해 쏠려 있는 것을 알고 제르맹은 입술을 꽉 깨물었습니다.
그러나 가우스를 생각하면 가만있을 수가 없었습니다.
"혹시 독일 브라운슈바이크에 닿거든 한 사람을 찾아가 주실 수 있나요? 가우스라는 사람인데 거기 브라운슈바이크에 살고 있답니다."

'흠!' 하고 아버지가 헛기침을 했습니다. 평소답지 않게 제르맹이 흥분하고 있는 것을 발견했기 때문이었습니다. 제르맹은 침을 꿀꺽 삼켰습니다.

애써 마음을 가라앉힌 제르맹이 다시 말을 시작했습니다.

"가우스는 제 친구입니다. 정치가는 아니고요, 수학자랍니다. 프랑스에 나쁜 영향을 미치거나 엉뚱한 일을 저지를 사람이 아니지요. 하지만 프랑스 사람이 아니기 때문에 언제든지 위험에 처할 수는 있습니다. 그래서 부탁드리는 것입니다. 만약 가우스가 아르키메데스처럼 되는 경우가 생긴다면 아주 큰일이거든요. 옛날 로마 군은 역사상 가장 위대했던 수학자를 죽이고 말았답니다. 그러니 페르네티 장군님께 전해 주십시오. 역사에 남을 위대한 수학자 가우스를 꼭 보호해 주시기 바란다고요. 네?"

제르맹이 하는 말뜻을 충분히 이해한 듯 장교들은 씩씩하게 대답했습니다.

"아가씨. 안심하십시오! 꼭 그렇게 전해 드리도록 하겠습니다."

"정말 고맙습니다."

그제야 제르맹은 겨우 웃음을 지었습니다. 그리고 자리에서 일어나 서둘러 페르네티 장군에게 보낼 편지를 써서 장교들에게 건넸습니다.

만찬이 끝났을 때, 아버지는 기뻐하며 제르맹을 칭찬해 주었습니다.

"오, 소피! 정말 잘한 일이다!"

시월 어느 날, 프랑스 군 장교가 가우스네 집 문을 두드렸습니다.

조금 뒤, 서른 살 정도로 보이는 젊은이가 나와 문을 열어 주었습니다.

"당신이 가우스 씨인가요?"

"예, 그렇습니다만. 무슨 일이신지요?"

"아! 우리는 당신이 어디 다친 곳이나 불편한 점은 없는지 살펴보기 위해 왔습니다."

가우스는 조금 긴장했습니다.

'혹시 나를 전쟁터로 데려가려는 것일까?'

의심에 싸인 가우스가 조심스럽게 물었습니다.
"아, 괜찮습니다만, 그런데 그건 왜 물으시죠?"
"저희는 당신을 보호하라는 페르네티 장군님의 명령을 받고 왔습니다."
"페르네티 장군님이요? 왜지요?"
"그것은 소피 제르맹 아가씨께서 부탁했기 때문입니다. 그분은 당신의 안전을 몹시 걱정하고 있었습니다. 그럼 몸조심하시고, 무슨 일이 생기거든 바로 연락 주십시오."

장교는 다시 경례를 하며 대답했습니다.
'소피 제르맹? 누구지?'
군인들이 가고 난 뒤 가우스는 고개를 갸웃거렸습니다.
 가우스는 하루 종일 소피 제르맹이 누구인지 생각해 보았습니다. 하지만 도무지 알 수 없는 이름이었습니다.

그리고 몇 달 뒤, 가우스는 편지 한 통을 받았습니다. 바로 소피 제르맹에게서 온 편지였습니다. 그런데 편지에는 뜻밖의 내용이 들어 있었습니다. 그동안 편지를 나누며 수학 연구를 함께 했던 르블랑이 소피 제르맹이라는 사실이었습니다.

제르맹은 어쩔 수 없이 거짓말을 하게 되었다며 사과했습니다.

가우스는 그동안 편지를 주고받았던 르블랑이 실은 여자라는 사실에 놀라움을 금치 못했습니다.

'여성으로서 학교에도 다니지 않고 이렇게 훌륭한 연구를 하고 있다니! 정말 놀랍군.'

가우스는 곧 생명을 지켜 준 데 대해 감사하는 뜻을 담아 제르맹에게 길고 긴 편지를 썼습니다. 그리고 제르맹이 가지고 있는 뛰어난 재능과 훌륭한 업적을 높이 평가했습니다.

제르맹은 가우스가 보낸 편지를 받고 안도하며

숨을 쉬었습니다.

"무사해서 정말 다행이야. 그동안 속여 왔던 것을 기분 나빠 하지는 않을까 걱정했는데 나를 이렇게 높게 평가하다니……."

두 사람은 그 뒤로도 계속 편지를 주고받으며 함께 연구하고, 우정을 나누었습니다.

프랑스 협회 최초 여성 회원

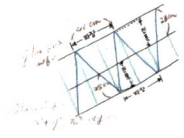

제르맹은 오랜만에 집으로 찾아온 언니에게 말했습니다.

"언니. 나 말이야. 이제부터 순수 수학에서 응용 수학으로 연구 방향을 바꾸어 나가려고 해."

"왜 그런 마음을 먹은 거야?"

제르맹은 클라드니에 대한 이야기를 꺼냈습니다.

클라드니는 독일 물리학자로 얼마 전 파리를 방문한 적이 있었습니다.

"클라드니는 아직 이유가 설명되지 않은 과학적인 현상을 실험으로 보여 주기 위해서 온 거였어. 그는 얇고 평평하고 원 모양인 금속판에 모래를 흩뿌리더라고. 그러더니 그 판 끝에 바이올린 활을 바짝 붙여서 문질렀지."

언니가 듣기에는 시시하기 짝이 없는 이야기였지만, 제르맹은 눈빛이 꿈을 꾸듯 반짝거렸습니다.

"그런데 그건 무엇에 관한 실험이야?"

애써 하품을 참으며 언니가 장단 맞추듯 물었습니다. 제르맹이 더욱 신이 나서 설명했습니다.

"*진동하는 표면 위에 모래 알갱이들을 놓아서, 모양이 뚜렷한 곡선들로 스스로 줄을 맞춰 서게 만드는 실험이었어. 보통 클라드니 이름을 따서 '클라드니 도형'이라고 부르는 거야. 그런데 문제는 다른 방식으로 활을 문지르면 곡선 모양과 수가 또 달라진다는 거였지."

---

* **진동** 흔들려 움직이는 물체의 떨림.

"어렵게 말하지 마. 솔직히 그 실험은 시시해. 그건 누구라도 할 수 있는 거 아니니?"

"맞아, 언니. 하지만 왜 그런 일이 일어나는지는 아무도 설명하지 못하잖아?"

언니는 고개를 끄덕거렸습니다. 재미없는 이야기는 이제 그만하자는 뜻이었습니다.

제르맹도 언니가 자기 이야기를 잘 이해했다고 생각하지는 않았습니다. 그렇지만 기꺼이 자기 이야기에 귀를 기울여 준 데 대한 고마움으로 활짝 웃었습니다.

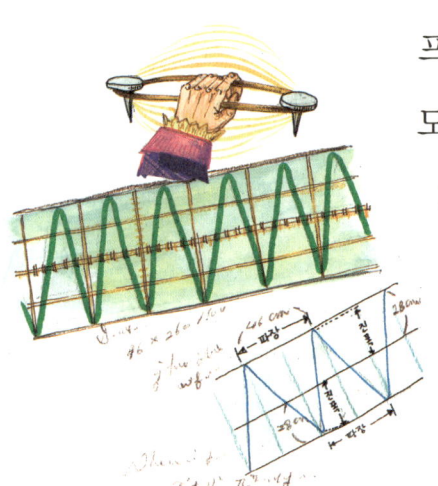

프랑스 황제 나폴레옹도 이 실험에 대한 이야기를 들었습니다. 그리고 이 진동하는 형태에 홀딱 반해 버렸습니다.

하지만 아직 진동 *패턴에 대한 수학적 설명이 없다는 사실이 너무나 안타까웠습니다.

그래서 1809년, 나폴레옹은 한 수학자에게 명령했습니다.

"그대는 즉시 '진동 패턴에 대한 수학적 설명을 발견하는 대회'를 마련하도록 하시오!"

대회는 이 년 동안 과학 아카데미 후원으로 진행하도록 결정했습니다.

"대상을 타는 사람에게는 순금 1킬로그램으로 만들어진 메달을 수여하기로 합시다. 그리고 수학자라면 누구든지 이 이 대회에 참석할 수 있는 기회를 줍시다."

라그랑주 교수는 이 대회에 심사 위원으로서 참여하게 되었습니다.

하지만 라그랑주 교수는 고개를 절레절레 저으며 말했습니다.

***패턴** 일정한 형태나 유형.

"이건 말도 안 되는 대회야! 이 문제를 풀 수 있는 사람이 어디 있기라도 하겠나? 이것은 설명조차 할 수 없는 문제인데."

그러나 유럽 각 나라 수학자들은 이 문제에 덤벼들기로 했습니다.

제르맹도 이 대회에 참가하기로 마음먹었습니다.

제르맹은 먼저 진동 형태를 설명하는 *방정식을 만드는 연구에 온 힘을 쏟았습니다.

"어쩌나! 좀 더 시간이 있으면 좋았을 텐데. 이 년은 너무 짧아."

제르맹은 너무 빨리 지나가는 시간 때문에 발을 동동 굴렀습니다.

"할 수 없어. 서둘러 마무리를 해야겠어. 벌써 마감 날짜가 코앞에 다가왔으니."

이윽고 연구 논문을 완성한 제르맹은 참가 등록 신청을 했습니다.

***방정식** 식에 사용한 문자에 일정한 수를 넣으면 답이 되는 등식.

그런데 어찌 된 일인지 논문을 제출하는 사람은 오직 제르맹뿐이었습니다.

"휴! 정말 다행이야. 한 사람이라도 제출을 했으니! 그렇지 않았다면 황제 폐하께 면목이 없었을 텐데 말이야."

제르맹이 논문을 제출해 주어서 심사 위원들이 오히려 고마워할 판이었습니다.

심사 위원들은 제르맹이 낸 논문을 꼼꼼히 따지며 살펴보았습니다.

"진동 패턴이 왜 일어나는지를 설명하는 기초적인 접근이 아주 정확하군요."

"저도 같은 생각입니다. 하지만 수학적 계산에 조금 실수가 있지 않나요?"

"그렇다면 이렇게 하는 것이 어떻겠습니까? 다른 참가자들도 없고 하니 이 대회 기간을 좀 더 늘리는 게 어떨지요."

"흠. 그게 좋겠군요."

제르맹이 낸 논문을 심사하며 심사 위원들은 저마다 의견을 냈습니다.

결국 심사 위원들은 이 대회를 1813년 시월까지 늘리기로 했습니다.

제르맹은 다시 연구에 몰두했습니다.

이번에는 라그랑주 교수에게 도움을 받아 수학적인 잘못을 고쳤습니다.

두 번째 마감 날짜가 다가왔지만, 이번에도 제르맹만 참가 등록을 하게 되었습니다.

심사 위원들은 다시 심사를 했습니다.

"제가 보기에 이 논문은 처음보다 한결 좋아 보이긴 합니다만."

"하지만 진동 표면에서 일어나는 현상을 정확히 표현한 것은 아니지 않나요?"

"제르맹이 충분히 이해하지 못하고 사용한 부분

이 있는 것 같군요."

"그럼 여러분, 이 논문을 우선 꽤 잘된 작품에게 주는 '가작'으로 뽑아 상을 주면 어떻겠습니까? 그리고 좀 더 연구할 기회를 주면 어떨지요?"

"좋습니다. 그렇게 하지요."

그렇게 해서 심사 위원들은 제르맹이 낸 논문에 '가작'을 주었습니다.

그리고 주최 측은 대회 기간을 다시 이 년 늘리기로 결정했습니다.

1815년, 제르맹은 세 번째로 고친 논문을 다시 냈습니다.

"평면뿐만 아니라 이번에는 일반적인 곡면에 대한 진동을 다루었군요!"

"제르맹은 우리를 모두 놀라게 하고 있습니다."

"무엇보다 이 이론은 매우 *독창성을 지니고 있고, 정교한걸요?"

***독창성** 다른 것을 따라 하지 않고 처음 생각해 낸 성향, 또는 성질.

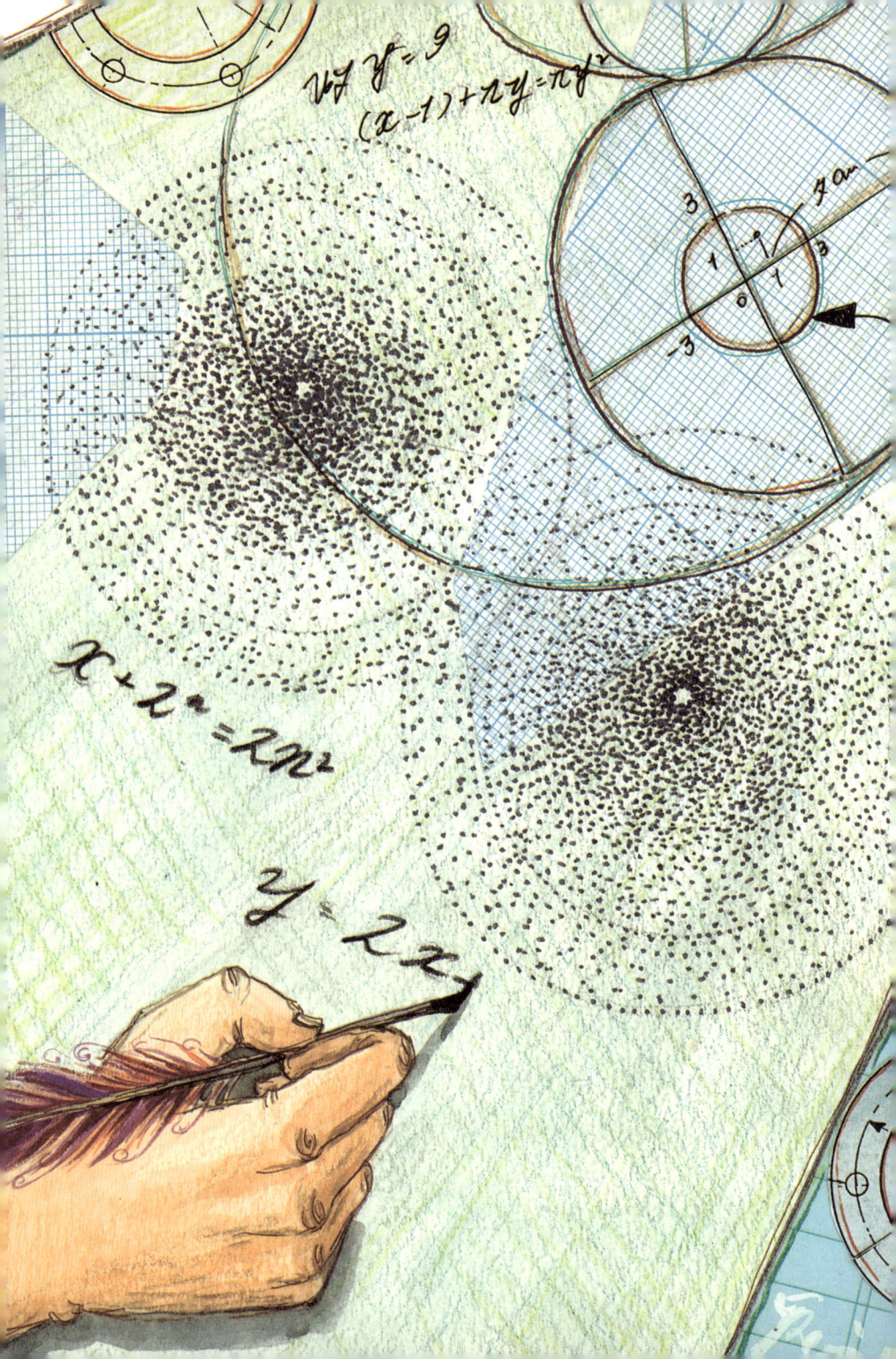

"훌륭합니다!"

논문 심사를 마친 심사 위원들은 다 함께 일어나 박수를 쳤습니다.

마침내 과학 아카데미는 제르맹에게 특별상인 대상을 수여하기로 결정했습니다.

드디어 수상식 날이었습니다.

이름 있는 수학자들과 과학자들, 그리고 수많은 기자들이 여성 수학자 제르맹의 수상을 축하하기 위해 왔습니다.

그런데 이상하게도 아무리 기다려도 주인공 모습은 보이지 않았습니다.

대회 관계자들과 기자들은 초조하게 문밖에 서서 제르맹을 기다렸습니다.

"어찌 된 일이지요? 제르맹이 아직도 오지 않다니요."

"무슨 일이 생긴 건 아닐까요?"

"이거 참, 큰일이군요. 벌써 시상식이 시작되고 있는데."

제르맹은 많은 사람들 앞에 나서기가 두려웠습니다. 결국 시상식은 제르맹 없이 진행되었고, 제르맹은 끝내 나타나지 않았습니다.

상을 받았다고 해서 제르맹은 논문을 그냥 내버려 두지 않았습니다.

1821년, 제르맹은 더욱 발전된 연구 결과를 내놓았습니다. 이 연구 결과는 수학자뿐만 아니라 과학자들에게도 큰 관심을 불러일으켰습니다. 제르맹이 세워 놓은 기초로 연구를 하는 많은 연구자들이 생겨났습니다.

"제르맹은 이로써 영원한 명성을 얻을 것입니다."

이름 높은 수학자들이 제르맹에게 존경을 나타냈습니다.

1822년, 제르맹은 과학 아카데미의 기원인 프랑스 협회에 참석할 수 있게 되었습니다.
　이 소식을 듣고 사람들은 크게 놀랐습니다.
　"프랑스 역사상 처음 있는 일이로군! 결혼도 하지 않은 여성이 프랑스 최고 학회의 회원이 되다니!"
　"하지만 제르맹이라면 다르지요. 어떤 남성들보다 훌륭하니까요. 자격은 충분하다고 봅니다."
　제르맹은 최초로 프랑스 협회 여성 회원이 되었습니다.
　이 일은 제르맹에게 좋은 기회가 되었습니다. 제르맹은 여러 학자들을 만나 더 많은 의견을 들으며 연구할 수 있게 되었습니다.

마지막 투혼

제르맹도 어느덧 사십 대가 되었습니다. 열세 살 무렵 수학에 빠져 그 뒤 오로지 수학에만 열정을 기울였습니다. 그럼에도 남자 이름을 빌려 써야 했고, 다른 학자들에게 푸대접도 곧잘 받았습니다. 남들과 다른 삶을 살았기 때문에 외롭고 힘겨운 날도 있었습니다.

'다른 여자들처럼 결혼을 해서 가정을 꾸미고 살면 어땠을까?'

제르맹은 고개를 절래절래 흔들었습니다. 여자인 것을 아는데도 든든하게 지원을 해 준 라그랑주 교수, 가우스, 르장드르가 떠올랐습니다. 수학을 하는 데 성별 따위는 중요하지 않았습니다.

"누가 어떤 진리를 밝혀냈는지는 중요하지 않아. 그 진리가 지닌 가치가 더 중요하지."

제르맹은 책상 앞에 바른 자세로 앉아 공책을 펼쳤습니다. 어제까지 풀다가 막힌 부분을 다시 고민하기 시작했습니다. 제르맹이 매달리고 있는 문제는 '페르마의 마지막 정리'였습니다.

수학 역사상 최대의 수수께끼이자 가장 어려운 문제로 여겨지는 페르마의 마지막 정리는 괴물 같은 문제로 유명했습니다.

역사 속에서 숱한 수학자들이 결국 문제를 풀지 못하고 다 나가떨어졌습니다. 그래서 수학자들 사이에서도 서서히 잊혀져 가던 참이었습니다.

어느 날 시내로 나온 제르맹은 두 신사가 주고받는 이야기를 듣게 되었습니다.

한 신사가 고개를 절래절래 흔들며 말을 꺼냈습니다.

"얼핏 보기에는 무척 단순해 보이더군요."

"예, 그렇지요. 수학을 좀 공부한 학생 정도면 누구나 풀 수 있을 것 같았어요. 그래서 저도 심심풀이 삼아 한번 풀어 보려고 덤볐고요."

"그런데 더 어려웠나 보군요?"

페르마의 마지막 정리에 관한 이야기가 분명했습니다. 제르맹은 번쩍 귀가 뜨여 두 사람을 살펴보았습니다. 두 사람은 어느 정도 낯이 익은 사람들이었습니다. 자세히 보니 꽤 유명한 수학자들이었습니다.

제르맹은 잠자코 두 사람이 하는 말을 듣기로 했습니다.

질문을 받은 사람이 한숨을 푹 내쉬며 앓는 소리를 했습니다.

"어이구! 정말이지 떠도는 소문이 빈말은 아니더군요. 아무리 유명한 수학자라도 너무나 어려운 나머지 벌벌 떨며 도망치게 만든다고요."

"저 또한 그 문제에 매달린 지 벌써 칠 년째거든요. 어유, 그런데 이제 그만 접을 생각이지요. 두 손 두 발 다 들었습니다."

"아이고! 그럼 난 멀찌감치 도망쳐야겠군요."

"하하."

두 수학자는 생각만 해도 넌더리가 난다는 듯 고개를 흔들었습니다.

가우스와 처음 편지를 주고받을 무렵, 제르맹은 자신이 연구한 페르마의 정리를 보냈습니다. 제르맹은 부분적이나마 문제를 풀었다고 생각했습니다. 하지만 풀이 과정에 조금 문제가 있었습니다.

그때 가우스는 제르맹을 격려해 주었습니다.

당신이 문제에 다가가는 방식은 아주 독특합니다. 많은 수학자들이 포기한 문제이지만, 언제가 풀릴 날이 있겠지요. 당신은 언젠가 그 열쇠를 내놓을 수 있으리라 확신합니다.

— 가우스가

제르맹은 실망했지만, 가우스 덕분에 용기를 얻었습니다. 그로부터 십오 년 세월이 흘렀습니다. 이제 그동안 해 온 연구가 결실을 보려는 참이었습니다.

"이제껏 밝혀진 것은 *지수가 4인 경우와 지수가 3인 경우 *해가 없다는 거야. 하지만 내 방법대로라면 특정한 조건을 만족하는 소수인 경우 해가 없다는 것을 증명할 수 있다고!"

＊**지수** 수나 문자에 덧붙여 제곱한 횟수를 나타내는 숫자.
＊**해** 문자 대신 넣었을 때 방정식이 참이 되게 하는 값.

페르마의 마지막 정리가 생기고 나서, 비로소 이백 년 만에 가장 뛰어난 연구 결과가 나온 순간이었습니다.

제르맹은 연구를 더욱 발전시켰습니다.

1823년, 르장드르는 프랑스 아카데미에 낸 논문을 통해 제르맹이 연구한 결과를 발표했습니다. 이 일은 '제르맹 정리'로 일컬어지면서 수학자들을 크게 흥분시켰습니다.

"대단한 제르맹! 제르맹은 정말 큰 수확을 얻었어. 앞으로 제르맹 정리 덕에 이 문제를 푸는 시간은 훨씬 빨라지게 되었으니까. 지름길을 찾은 거나 다름없으니 말이야."

페르마의 마지막 정리는 수학자들 사이에 풀 수 없는 문제로 잊혀져 가고 있었습니다. 그런데 어쩌면 풀릴 수도 있다는 희망이 생겼습니다. 페르마의 마지막 정리는 다시 수학자들 사이에 큰 관심거리로 떠올랐습니다. 수학자들은 제르맹이 내놓은 방법을 통해 페르마의 마지막 정리를 풀어내려는 의지를 불태웠습니다.

그 뒤로도 제르맹은 연구를 열심히 했습니다. 표면 진동에 관한 연구에서 자신이 세운 이론을 고치고 또 고치며 발전시켜 나갔습니다.

1825년, 제르맹은 「탄성 표면 이론에서 두께의 함수에 관한 연구 논문」을 발표했습니다. 이 논문에서는 면들이 두께에 따라 어떻게 다르게 진동하는지 설명했습니다. 삼 년 뒤에는 「평행 법칙과 탄성체의 운동에 관한 이해를 이끌지도 모르는 원리에 관한 연구」를 발표했습니다.

제르맹은 연구를 멈추지 않고 이 년 뒤에 「표면 곡률에 관한 연구 논문」을 발표했습니다.

하지만 제르맹에게 어두운 그림자가 드리우고 있었습니다.

"제르맹! 당신은 너무 지쳤어요. 제발 좀 쉬어야 합니다."

제르맹을 진찰한 의사가 간곡하게 말했습니다.

"제 인생에서 연구를 빼놓을 수 없습니다. 제 기쁨을 말리지 말아 주세요."

제르맹은 몸이 예전 같지 않았습니다. 조금만 신경을 써도 피곤하고 몸이 이곳저곳 쑤셨습니다. 밥을 먹기조차 힘들었습니다.

하지만 제르맹은 연구를 하느라 몸을 돌보지 않았습니다.

어느 날 의사는 제르맹에게 침통한 얼굴로 말했습니다.

"오, 제르맹! 정말 유감이군요. 당신은 지금 유방암에 걸렸어요."

제르맹은 눈을 질끈 감았습니다. 병과 싸우는 힘겨운 나날이 계속되었습니다. 그러나 연구를 향한 열정은 변함없었습니다.

 병과 싸운 지도 어느덧 이 년이 지났습니다. 제르맹은 몰라보게 야위었습니다. 침대에서 일어날 힘조차 없었습니다.

 한편 가우스는 제르맹이 괴팅겐 대학교 명예 학위를 받을 수 있도록 계획했습니다. 제르맹은 단지 여자이기 때문에 대학교에 들어가지 못했습니다. 이미 쉰 살이 훌쩍 넘었지만, 이제 대학교 학위를 받을 수 있게 되었습니다.

 제르맹은 그런 사실도 알지 못한 채 마지막 연구에 열을 올리고 있었습니다. 남은 생명의 불꽃을 다 태워 짧은 논문 한 편을 남겼습니다.

 창밖으로 화창한 유월 햇살이 비치던 어느 날이었습니다.

 제르맹은 애써 잡고 있던 생명의 끈을 조용히 놓았습니다. 그리고 영혼은 자유로운 새가 되어 훨훨

날아 하늘로 올라갔습니다.

프랑스 정부는 곧 제르맹이 죽었다는 것을 발표했습니다. 살아 있을 때도 제르맹에게 무심하기 짝이 없었던 프랑스 정부는 공식 기록에 제르맹을 '직업 없이 혼자 사는 여자'로 적었습니다.

이런 사실을 알고 다른 수학자들은 무척이나 안타깝게 여기고 슬퍼했습니다. 그리고 수학사의 한

장에 뚜렷한 발자국을 찍은 제르맹을 가슴 깊이 새겼습니다.

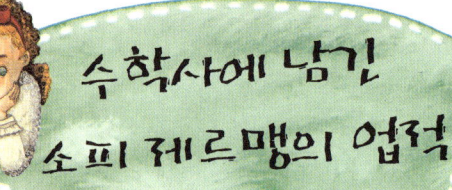

수학사에 남긴 소피 제르맹의 업적

동양과 서양을 막론하고 과거에는 여성이란 이유 하나만으로 남성들에게 차별을 받았어요. 19세기 위대한 수학자 소피 제르맹도 열정이 남다르고 재능이 뛰어났는데도 제대로 대접을 받지 못했지요. 그럼에도 불구하고 소피 제르맹은 역사 속에 길이 남았어요. 수학 여러 분야에서 제르맹이 세운 업적들이 빛을 발하고 있지요.

소피 제르맹 소수는 이백 년이 넘도록 수학자들의 연구 대상이에요. 오늘날에는 컴퓨터로 소피 제르맹 소수를 찾는데 34,000 자리가 넘는 소피 제르맹 소수를 찾았지요.

소피 제르맹

1776년	1806년	1816년	1822년
프랑스 파리에서 태어남.	소피 제르맹 소수 발견.	과학 아카데미 대상 수상.	최초로 프랑스 협회 여성 회원이 됨

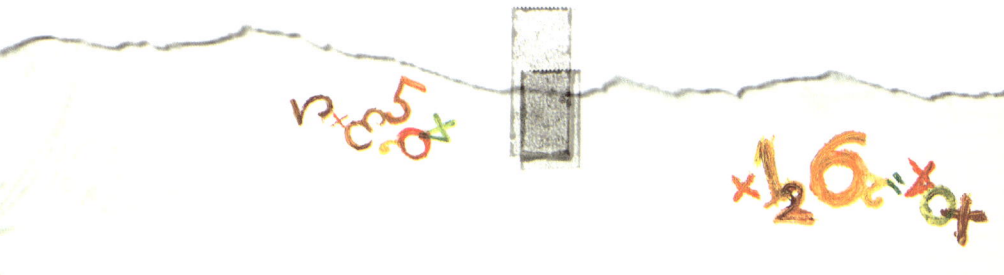

수백만에 이르는 소피 제르맹 소수들은 암호학에서 안전한 디지털 서명을 만드는 데 쓰여요.

소피 제르맹은 응용 수학에서도 업적을 남겼어요. 물체에서 일어나는 진동을 수학적으로 해석했지요. 많은 수학자들이 이 문제에 매달렸지만, 열매를 거둔 사람은 소피 제르맹뿐이었지요.

1809년, 나폴레옹이 제안한 '진동 패턴에 수학적 설명을 발견하는 대회'에 참가 신청자는 소피 제르맹 한 사람이었어요. 이후 대회는 이 년씩 늘어나게 되는데 결국 소피 제르맹이 계속 연구를 하도록 격려하는 결과가 되었지요.

1823년	1825년	1828년	1830년	1831년
제르맹 정리가 발표됨.	「탄성 표면 이론에서 두께의 함수에 관한 연구 논문」 발표.	「평행 법칙과 탄성체의 운동에 관한 이해를 이끌지도 모르는 원리에 관한 연구」 발표.	「표면 곡률에 관한 연구 논문」 발표.	세상을 떠남.

당시 물리학자 나비에는 "여성 수학자 한 사람이 쓴 논문이 대부분 남성 수학자들은 거의 이해할 수 없었던 어려운 것이었다."라고 솔직하게 말했어요.

1816년에는 마침내 과학 아카데미에서 주는 대상을 받았고, 과학 아카데미 공식 회의에서 초청 강연을 하는 영광을 얻어요. 여자라는 이유 하나로 공과 대학에 들어가지도 못했지만, 모든 남자들을 제치고 당당하게 초청 강연을 하게 되었지요.

소피 제르맹은 진동과 더불어 탄성도 연구했어요. 탄성은 부피, 모양이 바뀌었던 물체가 본

디 모양으로 되돌아가려는 성질을 뜻해요. 1828년 논문을 발표했는데, 수학자 푸아송이 반대 의견을 내세웠어요.

소피 제르맹도 자신이 내세운 이론을 굳게 지키며 굽히지 않았지요. 다른 수학자들은 야속하게도 푸아송 편을 들어주었어요. 하지만 오늘날 탄성 이론은 소피 제르맹이 세운 이론에 바탕을 두고 있지요.

제르맹이 이룬 업적 가운데 빼놓을 수 없는 것은 '제르맹 정리'예요. 수학자들 사이에서 불가능이라고 여겨졌던 '페르마의 마지막 정리'를 부분적으로 풀어내 희망을 안겨 주었지요.

소피 제르맹 동상

페르마의 마지막 정리는 1900년대가 끝나 갈 무렵에 풀렸는데, 실제로 이후 수학자들은 소피 제르맹이 연구한 방법으로 문제에 다가갔어요. 결국 페르마의 마지막 정리는 칠 년 동안 문제에 매달린 영국 수학자 와일즈가 끝맺었지요.

소피 제르맹은 수학 철학을 창시한 인물로 꼽히기도 하며 철학, 화학, 물리학, 지리학, 역사학 등 폭넓은 연구를 했어요.

남다른 열정과 뛰어난 재능에도 제대로 대접을 받지 못했던 소피 제르맹!

파리에 있는 에펠탑에는 탄성을 연구한 학자들 이름이 새겨져 있어요. 하지만 탄성 이론 바탕을 세운 소피 제르맹은 이름이 없지요. 세상을 떠났을 때에도 '뚜렷한 직업이 없는 독신녀'라며 사회는 소피 제르맹에게 차갑게 굴었어요.

하지만 그 빛나는 업적은 어쩔 수 없었지요. 소피 제르맹이 한 연구는 뒤늦게마나 정당한 평가를 받았고, 많은 분야에서 쓰이고 있지요. 그리고 파리에는 소피 제르맹이 이룬 업적을 기리는 소피 제르맹 거리와 소피 제르맹 고등학교가 있답니다.

소피 제르맹 거리 표지판

소피 제르맹 더 살펴보기

 소피 제르맹 소수

소수는 1과 자기 자신으로만 나누어떨어지는 수예요. 4는 2로 나누어떨어지기 때문에 소수가 아니에요. 6은 2로도 나누어떨어지고, 3으로도 나누어떨어지기 때문에 소수가 아니에요. 그리고 1도 소수가 아니에요.

소수는 2, 3, 5, 7, 11과 같은 수인데 끝없이 이어져요. 소피 제르맹은 이 소수들 가운데에서 특별한 유형을 발견했지요. 이 소수들은 '소피 제르맹 소수'라고 불려요. 소피 제르맹 소수에 대한 정의는 다음과 같아요.

$2p+1=q$, q는 소수인 소수 p

2p는 2와 p를 곱한다는 뜻이에요. 그런데 p는 소수예요. 그러니까 2와 소수를 곱하고 1을 더했을 때 답이 소수이면, 식에 쓰인 소수는 소피 제르맹 소수예요. 앞에서 말한 소수 가운데 소피 제르맹 소수는 무엇일까요?

1) $2 \times 2 + 1 = 5$

2) $2 \times 3 + 1 = 7$

3) $2 \times 5 + 1 = 11$

4) $2 \times 7 + 1 = 15$

5) $2 \times 11 + 1 = 23$

소피 제르맹 소수를 찾았나요? 계산 결과 1), 2), 3), 5)번 식에서 답은 소수예요. 그래서 계산에 쓰인 소수 2, 3, 5, 11은 소피 제르맹 소수이지요.

하지만 4)번 식의 답 15는 소수가 아니에요. 그래서 계산에 쓰인 소수 7은 소피 제르맹 소수가 아니지요. 이제 소피 제르맹 소수가 이해되었나요?

소피 제르맹 소수처럼 이름이 붙여진 소수는 페르마 소수, 메르센 소수 정도예요.

페르마의 마지막 정리를 푼 수학자 와일즈도 소피 제르맹 소수를 연구했어요. 와일즈가 발견

한 소피 제르맹 소수는 14,137,109이지요. 이 수에 2를 곱한 다음 1을 더하면 소수가 나와요.

소피 제르맹 소수는 계속 밝혀지고 있어서 어느 숫자가 끝인지 알 수 없어요. 수학자를 꿈꾸는 여러분도 소피 제르맹 소수를 찾아내는 데 도전해 보는 건 어떨까요?

Math challenger
수학 영재들이 꼭 읽어야 할 천재 수학자 8
수학으로 끝임없이 도전하라 **소피 제르맹**

펴낸날	초판 1쇄 2008년 7월 20일 초판 3쇄 2014년 5월 26일
지은이	**박안나**
그린이	**이미정**
감 수	**계영희**
펴낸이	**심만수**
펴낸곳	**㈜살림출판사**
출판등록	1989년 11월 1일 제9-210호
주소	경기도 파주시 광인사길 30
전화	031-955-1350　팩스 031-624-1355
홈페이지	http://www.sallimbooks.com
이메일	book@sallimbooks.com

ISBN　978-89-522-0849-1　77410
　　　　978-89-522-0828-6　77410 (세트)

※ 값은 뒤표지에 있습니다.
※ 잘못 만들어진 책은 구입하신 서점에서 바꾸어 드립니다.